Georg Hinterberger

Das Frauenideal im Nationalsozialismus

Zwischen Mutterschaft und Einsatz in der Wehrmacht

Bibliografische Information der Deutschen Nationalbibliothek:

Die Deutsche Nationalbibliothek verzeichnet diese Publikation in der Deutschen Nationalbibliografie; detaillierte bibliografische Daten sind im Internet über http://dnb.d-nb.de abrufbar.

Impressum:

Copyright © ScienceFactory 2018

Ein Imprint der Open Publishing GmbH

Druck und Bindung: Books on Demand GmbH, Norderstedt, Germany

Coverbild: GRIN | Freepik.com | Flaticon.com | ei8htz

Inhaltsverzeichnis

Abstract / Zusammenfassung 4

1 Einleitung 6

2 Das Ideal der Frau im Nationalsozialismus 8
   2.1 Biologischer Essentialismus des 19. Jahrhunderts 8
   2.2 Ethnie, Ehe und Mutterschaft: Grundvoraussetzungen für gesellschaftliche
       Anteilnahme im Regime 10

3 Frauen in der Parteiprogrammatik und Ideologie der NSDAP 13
   3.1 Zur Frauenpolitik der NSDAP vor 1933 13
   3.2 Zur Frauenpolitik der NSDAP nach 1933 14

4 Maßnahmen zur Festigung des nationalsozialistischen Frauenideals in der
   Gesellschaft 17
   4.1 Attraktivierung der Mutterschaft 17
   4.2 Die Ehe im Nationalsozialismus: Pflichttreue und Fortbestand der Rasse 26

5 Politischer Pragmatismus und die Entstehung undogmatischer
   Weiblichkeitskonzeptionen 31
   5.1 Aufwertung des Berufes der Hausfrau 32
   5.2 Die Frau in der Arbeitswelt des Mannes 35
   5.3 Die Frau als gläubige Stütze der Nation 37
   5.4 Die Frau bei der Wehrmacht 38

6 Schlussbemerkung 40

Literaturverzeichnis 41

Abstract / Zusammenfassung

In dieser Arbeit soll das nationalsozialistische Frauenideal eingehender untersucht werden. Es wird zudem der Versuch gestartet, zu erklären, welche essentialistischen Ansichten der NS-Staat von der „deutsch-arischen" Frau und ihrer Rolle in der Gesellschaft hatte, wie er dieses Konstrukt für seine politische Agenda einsetzte und es sich im Laufe des Regimes veränderte. Den gesellschaftlichen, politischen und ideologischen Kontext in dem Frauen im NS Regime lebten zu erläutern ist insofern besonders wichtig, weil so ein Einblick in jene Rahmenbedingungen geschaffen wird, die es ermöglichten, dass Frauen eine ganze Reihe an teilweise widersprüchlichen Rollen im damaligen System übernahmen angefangen von der Hausfrau und Mutter bis hin zur Aufseherin im Konzentrationslager.

This bachelor thesis explores the National Socialist ideal of femininity in more detail. Furthermore, this thesis marks an attempt to explain the essentialist views of the NS regime on the „German – Aryan" woman and her role in society, how it utilized constructs of femininity for its political agenda and how women's roles changed during the regime. It is particularly important to investigate the social, political and ideologyical contexts in which German women lived, since this helps to gain insight into the ideological framework that allowed women taking on a range of partly contradictory roles in the regime, starting with the caring homemaker and mother and ending with women working as guards in concentration camps.

Abstract / Zusammenfassung

Der offene, grobschlägige Antifeminismus nennt die Frauen anders und minderwertig; der subtile nennt sie auch anders, aber genauso wichtig. Die subtilste Variante ist die, bei der die weibliche Geschlechtsrolle nicht nur als gleichwertig, sondern sogar als höherwertig dargestellt wird.

(Lehker, 1984: 26. zit. nach: Schenk, 1981: 169)

1 Einleitung

Vor etwas mehr als 70 Jahren endete der zweite Weltkrieg und nach wie vor stehen die Geschehnisse und Verbrechen des Nationalsozialismus im Fokus der Wissenschaft und bieten auch heute noch ausreichend Material für rege Diskussionen. Doch einige Aspekte, etwa die Verfolgung und Tötung von Juden und Minderheiten, wurden über weite Strecken hin, eingehender untersucht als andere.

Dadurch, dass das Regime als ein faschistischer Männerbund bekannt war, nahm die Frau lange Zeit zunächst hauptsächlich eine Opferrolle im nationalsozialistischen Deutschland ein. Auch wenn inzwischen ausreichend Quellen vorhanden sind, um sich ein umfassenderes Bild von der Lage der Frau in der Zeit des NS-Regimes zu machen, stellte ich fest, dass das Wissen über die Rolle von Frauen im Nationalsozialismus ein sehr geringes ist und sich zumeist auf ihre Mutterrolle oder jene der folgsamen Ehefrau beschränkt. Oftmals werden in diesem Zusammenhang noch Begriffe wie Muttertag, Mutterkreuz und Kinderreichtum verwendet, womit zu Beginn dieser Arbeit auch mein eigenes Verständnis von dieser Thematik im Wesentlichen erschöpft war. Durch viele Gespräche mit Studienkollegen und Freunden merkte ich, dass dem Thema „Frauen im Nationalsozialismus" anscheinend eine untergeordnete Rolle zukommt und dies reichte aus, um mein Interesse für diese Materie zu wecken. Ich wollte mir ein umfassendes Verständnis von der Funktion, bzw. der Aufgabe der Frau im Nationalsozialismus aneignen.

Im Zentrum dieser Arbeit stehen nicht etwa Frauen, die sich im Widerstand zum NS-Regime befanden und von diesem verfolgt wurden oder Frauen, die aktive Täterrollen innehatten, sondern jene große Menge an „durchschnittlichen" Frauen, die im System des Nazi-Regimes eingebunden waren. Es soll erörtert werden, welche Funktionen der Frau im NS- Deutschland in Bereichen der Politik, der Familie und in der Gesellschaft zukamen und inwiefern und aus welchen Gründen sich das propagierte Frauenideal während des Regimes verändert hat. Die oftmals in diesem Zusammenhang behandelte Frage nach der Täterinnenschaft oder der Opferrolle der Frau wird in dieser Arbeit jedoch nicht behandelt. Aufgrund der Ergiebigkeit der Thematik war ich gezwungen, diese stärker einzugrenzen und ich entschied mich deshalb dazu, mich auf die Darstellung des idealen Frauenbilds in der NS-Zeit und den Veränderungen, denen es unterworfen war, zu beschränken.

Nach längerer Literaturrecherche haben sich folgende Forschungsfragen ergeben, die im Rahmen dieser Arbeit beantwortet werden sollen:

- Kann von einem nationalsozialistischen Idealbild der Frau die Rede sein? Wenn ja, welche Maßnahmen wurden vom NS-Regime getroffen um dieses Idealbild zu etablieren
- Welche Aufgabe nahm die „ideale" Frau in der Gesellschaft ein und inwiefern war die Erwerbstätigkeit der Frau im deutschen Reich relevant?
- Veränderte sich das idealtypische Frauenbild im Laufe des Nationalsozialismus? Wenn ja, weshalb änderte sich das Ideal der Frau und in welchem Ausmaß?

2 Das Ideal der Frau im Nationalsozialismus

Schon bevor die Nationalsozialisten an die Macht kamen, schrieb Hitler darüber, dass die Politik Männersache sei und somit die Weltordnung von Männern dominiert werde. Die in „Mein Kampf" beschriebene Frau ist in einem Tätigkeitsbereich beschäftigt, welcher sie im politischen Alltag weitgehend entmündigt. Diese Entmündigung wurde basierend auf der „natürlichen" Rolle der Frau, welche sie neben dem Mann haben soll, betrieben. So meinte Joseph Goebbels, Reichsminister für Volksaufklärung und Propaganda, bei der Eröffnung der Ausstellung „Die Frau", 1933, Folgendes: (Bendel, 2007: o.S)

> Aber es darf dabei nicht ungesagt bleiben, daß Dinge, die dem Mann gehören, dem Mann auch verbleiben müssen. Und dazu gehört die Politik und die Wehrhaftigkeit des Volkes. Das ist kein absprechendes Urteil über die Frau, sondern nur ein Verweisen ihrer Fähigkeiten und Anlagen an die Gebiete, die ihrem Wesen am ehesten entsprechen. (Werner, 2008: 201 zit. nach: Rede Goebbels bei der Ausstellung „die Frau", 1933)

Um zu verstehen, weshalb die Frau im NS- Regime aus der Politik und aus wichtigen Positionen gedrängt wurde, ist es wichtig, sich mit dem vorherrschenden Wesensverständnis der Frau und dessen Ursprüngen zu beschäftigen.

2.1 Biologischer Essentialismus des 19. Jahrhunderts

Das nationalsozialistische Gedankengut greift beim Verständnis des Wesens der Frau auf Anschauungen, die im 19. Jahrhundert vorherrschten, zurück. Dort wurden gesellschaftliche Unterschiede zwischen Mann und Frau als absolut logische und natürliche Folgen unterschiedlicher biologischer Veranlagungen angesehen. (Lehker 1984: 26) Um dieses althergebrachte Wesensverständnis besser zu veranschaulichen, ist ein Text von Karl Beyer in seinem Werk „Familie und Frau im neuen Deutschland" besonders geeignet: Beyer sieht als Hauptursache aller Unterschiede zwischen Männlichkeit und Weiblichkeit den Unterschied zwischen der Zeugung und der Austragung eines Kindes. Der Mann stellt demnach, in der Tätigkeit der Zeugung des Kindes, die aktive Komponente dar und gibt die Initiative für das neue Leben. Nach der Fekundation unterliegt der Mann keinerlei Pflichten und ist grundsätzlich wieder frei und unbelastet.

Im Gegensatz dazu unterliegt die Frau sowohl während der Schwangerschaft als auch in der Zeit danach einer Vielzahl von Verpflichtungen und hat außerdem eine kontinuierliche Bedürftigkeit nach Schutz. Der Mann besitzt, ausgleichend dazu, einen naturgegebenen Beschützerinstinkt, welchen er jedoch ablegen kann, wenn er es will. Zusammengefasst gilt also die Freiheit, die Beweglichkeit und das nicht gebunden sein als männlich, während die Ortsgebundenheit und das Verlangen beschützt zu werden weibliche Eigenschaften darstellen. (Lehker, 1984: 26)

> Das Weib ist an das Naturhaft-Organische gebunden während der Mann sich davon loslösen kann. Die Gebundenheit des Weibes sucht man dadurch zu bezeichnen, daß man es pflanzenhaft, den Mann tierhaft nennt. Gewissermaßen verhalten sich Mann und Weib wie Tier und Pflanze. (Lehker, 1984: 26. zit. nach: Beyer, 1936: 75)

Wie der Text von Beyer nahelegt, werden Geschlechterdifferenzen somit durch von der Natur gegebene Eigenheiten gebildet. (Piehslinger, 2013: 5) Basierend auf dem biologischen Geschlecht werden dem Mann bzw. der Frau bereits gewisse Charakteristika, Aufgabenbereiche und Verpflichtungen zugeteilt. (Ebd.)

Der wohl führende Denker und Wegbereiter des NS-Geschlechterbildes, Alfred Rosenberg[1] (1934: 483), schreibt in seinem Werk „Der Mythos des 20. Jahrhunderts", dass „(...) der Mann auf allen Gebieten der Forschung, Erfindung und Gestaltung dem Weibe überlegen ist" (Piehslinger, 2013: 9 zit. nach: Wagowitsch, 2004: 10) Die Frau hingegen sei „Weib, Kraft einer gewissen Fähigkeitslosigkeit" (Ebd.) und ihre „heiligste und größte Aufgabe" stelle die „Reinhaltung der Rasse" (Ebd.: 10) dar. Das männliche Denken ist Rosenberg zufolge „‚architektonisch' und ‚zusammenschauend'", während die Frau „‚pflanzenhaft', ‚lyrisch', ‚dienend' und ‚opferfähig' sei". (Ebd.)

Guida Diehl[2], eine Nationalsozialistin, schreibt 1933 Folgendes über das Wesen der Frau und ihrer Aufgaben in ihrer Schrift „Die deutsche Frau und der Nationalsozialismus": (Piehslinger, 2013: 10)

---

[1] **Alfred Rosenberg**, geboren 1893 im baltischen Tallinn nimmt in der Zeit des Nationalsozialismus die Rolle als Chefideologe ein. Seine rassenideologischen Schriften verschärfen den Antisemitismus in Deutschland. Als „Reichsminister für die besetzten Ortsgebiete" ist er Maßgeblich am Kunst und Kulturraub in ganz Europa beteiligt. 1946 wird er in Nürnberg zum Tode verurteilt und hingerichtet. (Kleinhans 2004: o.S)

[2] **Guida Diehl**, geboren 1868. Sie gründete 1916 den Neulandbund, eine Rechtskonservative evangelische Frauenbewegung. Ab 1918 war sie Mitglied der DNVP und seit 1930 Mitglied der NSDAP. 1932 war sie als Sachbearbeiterin für Kultur- und Erziehungsaufgaben in der Reichsleitung der NSDAP tätig und 1933 hatte sie den Posten der Reichssachbearbeiterin für Glaubensfragen der Vereinigung Deutsche Christen inne. 1933 endete ihre politische Karriere und 1940 wurde sie aus der Reichsschrifttumskammer ausgeschlossen. Bis 1950 leitete

> Der Mann trägt die Nation, die Frau trägt die Familie. Die Gleichberechtigung der Frau besteht darin, daß sie innerhalb einer durch ihre Natur begrenzten Wirkungsbereiches die größte Achtung genießt, die ihr auch zukommt. Mann und Frau repräsentieren zwei sehr verschiedene Wesensarten. Beim Mann herrscht der Verstand vor. Er sucht, entdeckt und häufig eröffnet er neue, unermeßliche Reiche. (...) Das Gefühl hingegen ist viel beständiger als der Verstand, und die Frau, die Gefühl ist, ist folglich das Element der Stabilität (Piehslinger, 2013: 10 zit. nach: Thalmann, 1984: 76)

Zusammenfassend kann gesagt werden, dass das Verständnis der Frau im Nationalsozialismus sehr eng an biologische bzw. naturgegebene Eigenschaften anknüpft, ausgehend von vorherrschenden essentialistischen Ideen des 19. Jahrhunderts. Dieser Betrachtungsweise zufolge ist die Frau, ebenso wie der Mann, bereits im Vorhinein zu bestimmten Aufgaben prädestiniert. Hinzu kommt eine eindeutig stärker positive Konnotation von „typisch männlichen" Eigenschaften: Verstand und Ratio vs. Gefühl; Stärke und Beschützerinstinkt vs. Schwäche und Schutzbedürftigkeit; Freiheitsliebe und Dynamik vs. Stabilität und Statik usw.

2.2 Ethnie, Ehe und Mutterschaft: Grundvoraussetzungen für gesellschaftliche Anteilnahme im Regime

Die Geringschätzung „typisch weiblicher" Eigenschaften und die Reduktion der Frau auf biologische Eigenheiten setzten sich im NS-Regime fort.

Welche Geringschätzung Hitler gegenüber Frauen und Mädchen hatte offenbart sich rasch, wenn man in seinem Werk „Mein Kampf" nachliest. Dort schreibt er: „Das deutsche Mädchen ist Staatsangehörige und wird mit ihrer Verheiratung erst Bürgerin." (Wiggershaus, 1984: 20 zit. nach: Hitler. Mein Kampf. 1943: 490f.) Hitler beginnt also bereits hier eine Art geschlechtsabhängiges Klassensystem für die ideale Gesellschaft zu entwerfen, indem er die verheiratete Frau der unverheirateten Frau bzw. dem unverheiratete Mädchen vorzieht und gleichzeitig den Mann als notwendige „Ergänzung" zur Vervollständigung der Frau aufwertet. (Wiggershaus, 1984: 20)

Da die Ehe im Nationalsozialismus fest mit dem Gebären von Kindern im Zusammenhang stand, ist eine weitere naheliegende Annahme, dass die Existenz der

---

sie noch den Neulandbund und verstarb 1961 in einem Altenheim in Laurenburg. (https://de.wikipedia.org/wiki/Guida_Diehl)

Frau als vollwertige Deutsche erst dann tatsächlich begann, sobald die Frau ihrem „Naturzweck" nachkam. (Lehker, 1984: 28) Zudem wurden die Rechte, die einer Frau im faschistischen Deutschland zukamen, erst durch die Mutterschaft begründet. (Kuhn / Rothe, 1987: 128). Um als Frau als relativ vollwertiges Mitglied der Gesellschaft betrachtet zu werden, mussten folglich zwei wichtige Rollen erfüllt werden, mit der sie zugleich ihrer wesentlichen biologischen Funktion nachkam: Die der Ehefrau und die der Mutter.

Doch nicht nur die Erfüllung der „naturgegebenen" biologischen Aufgaben definierte den Status einer Frau in der Gesellschaft. Der nationalen bzw. ethnischen Zugehörigkeit kam eine noch stärkere Gewichtung zu. Folgende Aussage des SS-Gruppenführers Heinrich Himmler bei einer Gruppenführertagung am 4. Oktober 1943 lässt auf eine entsprechende Rangordnung innerhalb des weiblichen Geschlechts schließen:

> Ob beim Bau eines Panzergrabens 10000 russische Weiber an Entkräftigung umfallen oder nicht, interessiert mich nur insoweit, als der Panzergraben für Deutschland fertig wird. (Tidl, 1984: 36. zit. nach: Rosner, 1966: 204)

Auf der einen Seite gab es demzufolge die weiblichen „Menschentiere" – wie es in derselben Rede noch hieß – und auf der anderen Seite standen die Trägerinnen deutschen Blutes, Arierinnen oder Deutschblütige. Dieses deutsche Blut wurde gleichzeitig mit positiven physischen und geistigen Eigenschaften wie Schönheit, Intelligenz und Empathie in Verbindung gesetzt. Umgekehrt wurden nicht-Deutschen negative Eigenschaften zugeschrieben. Daraus ergab sich außerdem folgender Schluss: Eine Frau, die optisch nicht ansprechend oder auf irgendeine Weise unfähig, etc. war, konnte also keine Deutschblütige sein und gehörte daher einer minderwertigen Rasse an. (Tidl, 1984: 36)

Zentral für das ideale Frauenbild im Nationalsozialismus waren also essentialistische und rassistische Grundannahmen, das heißt, es herrschte der Gedanke der naturgegebenen Divergenz von Menschen aufgrund von Rasse und Geschlecht vor. Aus dieser Divergenz heraus ergab sich die doppelsinnige Stellung der arischen Frau: Ihr Status war einerseits höher als jener nicht-deutscher Frauen und Männer. In der gesellschaftlichen Hierarchie Hitler-Deutschlands war ihre Rolle andererseits jener des arischen Mannes untergeordnet. (Tidl, 1984: 36) Dazu gesellte sich eine weitere wertende Unterscheidung innerhalb der Gruppe der deutschen Frauen, nämlich zwischen alleinstehenden Frauen und Mädchen, verheirateten Frauen und verheirateten Frauen, die auch Mütter waren.

Die Mutterschaft galt auch als der wichtigste Faktor wenn es um die Aufgabenbereiche deutscher Frauen in der Tagespolitik ging und wurde kultartig zelebriert. Reichsminister Wilhelm Frick äußert sich im Juni 1934 im Völkischen Beobachter folgendermaßen:

> Die Mutter soll ganz ihren Kindern und der Familie, die Frau sich dem Mann widmen können, und das unverheiratete Mädchen soll nur auf solchen Beruf angewiesen sein, die der weiblichen Wesensart entsprechen. (Tidl, 1984: 37. zit. nach: VB, 12.06.1934)

Wie sich diese naturgegebene Zuteilung der Arbeitswelten zwischen Mann und Frau auf die Politik der NSDAP zunächst auswirkte, wird nachfolgend erörtert.

3 Frauen in der Parteiprogrammatik und Ideologie der NSDAP

Weil sich die Frauenpolitik innerhalb der Partei nach der Wahlniederlage 1932 bedeutend änderte, ist es sinnvoll, diese in eine erste Phase vor 1933 und eine zweite Phase ab 1933 zu unterteilen.

3.1 Zur Frauenpolitik der NSDAP vor 1933

Die Nationalsozialisten gingen von einem Staat aus, der ausschließlich von Männern geleitet werden darf. Wie im vorangegangenen Kapitel beschrieben wird, wird bei dieser Teilung der Aufgabensphären auf sexistische Argumente zurückgegriffen: Bei Männern stehe das Rationale im Vordergrund, während Frauen zu sehr von ihren Gefühlen beeinflusst werden und deshalb ungeeignet für politische Ämter seien. (Kopecká, 2015: 9) Dieser Gedanken an die fundamentale Wesensverschiedenheit zieht sich sehr stark durch die NSDAP und Rosenberg schreibt darüber in seinem Werk „Mythus des zwanzigsten Jahrhunderts": (Gantze, 2010: 25)

> Dem aufbauend-schöpferischen, rationalen Prinzip, das im Manne verkörpert sei, stehe das orgiastisch-zerstörerische weibliche Prinzip gegenüber. Während der Mann seine schöpferische Kraft und Härte zum Aufbau des Staatswesens einsetze, könne der weibliche Chaotismus ausschließlich in der Ehe [In der Rolle als Mutter] seine sinngemäße Bändigung finden. (Gantze, 2010: 25., zit. nach: Schmatzler, 1994: 38)

Im ersten Parteiprogramm 1920 wird die Frau nur in Zusammenhang mit ihren mütterlichen Merkmalen erwähnt. Neben dem Vorhaben Hitlers, das Staatsbürgerrecht von Frauen an ihre Mutterschaft zu koppeln, war es erklärtes Ziel der frühen NSDAP, kinderlosen Frauen das passive Wahlrecht, also das Recht sich als Kandidatin für politische Ämter aufstellen zu lassen, zu entreißen und sie als „Volksfremde" zu stigmatisieren. (Kuhn / Rothe, 1987: 52) Bereits 1921 fiel bei der ersten Generalmitgliedsversammlung der Nationalsozialistische Deutsche Arbeiter-Partei in München die Entscheidung: „Eine Frau kann in der Führung der Partei und in den leitenden Ausschuss nicht aufgenommen werden." (Wiggerhaus, 1984: 15) Die Begründung hierfür liegt bei der vermeintlichen Verkommenheit der Politik und in der Absicht, die Frau vor dieser zu behüten. (Kopecká, 2015: 10) Dennoch war der Frauenanteil der Partei bis 1924 mit einem Anteil von zirka 20 % relativ hoch. 1924 schwand der Anteil der Frauen massiv, bis die Partei nach

1930 nur noch einen Frauenanteil von etwa 5 % aufwies. (Kuhn / Rothe, 1987: 52)

Die Wahlniederlage vom März 1932 riss die NSDAP in eine tiefe Krise. Die extrem geringe weibliche Wählerschaft bewegte die NSDAP zum Umdenken, was die Frauenfrage anbelangte. Man hatte erkannt, dass ein großer Teil der deutschen Frauen zwar „(...) konservativ-völkisch, nicht aber nationalsozialistisch gewählt hatte." (Kuhn / Rothe, 1987: 52) Hitler meinte mit der propagandistischen Aufwertung der Frau die NSDAP aus der Krise holen zu können. Folgender Tagebucheintrag von Goebbels ist unter diesen Rahmenbedingungen zu verstehen:

> (...) Der Führer entwickelt ganz neue Gedanken über unsere Stellung zur Frau. Die sind für den nächsten Wahlgang von eminenter Wichtigkeit; denn gerade auf diesem Gebiet sind wir bei der ersten Wahl hart angegriffen worden. Die Frau ist Geschlechts- und Arbeitsgenossin des Mannes. Sie ist das immer gewesen und wird das immer bleiben (...) Der Mann ist Organisator des Lebens, die Frau seine Hilfe und sein Ausführungsorgan. (Kuhn / Rothe, 1987: 60, zit. nach: Goebbels, 1934: 71f.)

3.2 Zur Frauenpolitik der NSDAP nach 1933

Zwar kam es nach der Wahlniederlage 1932 zu keinem fundamentalen Umschwung im Bereich der Frauenpolitik, jedoch wurde die Abwertung und Ausgrenzung der Frau durch die NSDAP weitaus subtiler betrieben.

Der Ausschluss von Frauen aus höheren Positionen innerhalb der Partei und in weiterer Folge aus der Politik wurde vom damaligen Reichsminister für Volksaufklärung und Propaganda, Joseph Paul Goebbels, bei der Eröffnung der Berliner Ausstellung „Frau" folgendermaßen begründet: (Wiggerhaus, 1984: 15)

> Wenn ich mich auch zu Treitschkes Wort, daß Männer die Geschichte machen, bekenne, so vergesse ich dabei nicht, daß es die Frauen sind, die unsere Jungen zu Männern erziehen. Es wird Ihnen bekannt sein: die nationalsozialistische Bewegung hält als einzige Partei die Frau aus der unmittelbaren Tagespolitik fern. (...) Nicht, weil wir die Frauen nicht achteten, sondern weil wir sie zu hoch achteten, haben wir sie aus dem parlamentarisch-demokratischen Ränkespiel, das die Politik der vergangenen vierzehn Jahre in Deutschland bestimmte, ferngehalten. Nicht, weil wir in der Frau etwas Minderwertiges, sondern weil wir in ihr und in ihrer Mission etwas Anderwertiges sehen, als die Bestimmung, die den Mann erfüllt. Deshalb waren wir der Überzeugung, dass die Frau und vor allem die deutsche Frau, die ja mehr als jede andere im besten Sinne des Wortes Frau ist, auch auf anderen Gebieten als der Mann ihre Kräfte regen und ihre Fähigkeiten einsetzen muß. (Wiggerhaus, 1984: 15 zit. nach: Goebbels, Rede bei der Berliner Ausstellung „Frau" 1933)

In derselben Rede geht Goebbels noch genauer darauf ein, in welchen Gebieten die Frau ihre Fähigkeiten entfalten soll:

> Den ersten, besten und ihr gemäßesten Platz hat die Frau in der Familie, und die wunderbarste Aufgabe, die sie erfüllen kann, ist die, ihrem Land und Volk Kinder zu schenken, Kinder, die Geschlechterfolgen fortsetzen und die Unsterblichkeit der Nation verbürgen. Die Frau ist die Erzieherin der Jugend und damit die Trägerin des Unterpfandes der Zukunft. Und wenn die Familie die Kraftquelle des Volkes darstellt, dann ist die Frau ihr Kern und ihr bewegendes Zentrum. Im Dienst am Volksganzen kann die Frau am ehesten in der Ehe, in der Familie und in der Mutterschaft sich ihrer hohen Sendung bewußt werden. Damit sind die im Beruf stehenden und kinderlosen Frauen nicht im Mindesten von dem großen Werk der Mütterlichkeit am deutschen Volk ausgeschlossen. (...). Aber wir sind der Überzeugung, daß ein sozial reformiertes Volk seine erste Aufgabe wieder darin sehen muß, der Frau die Möglichkeit zu geben, ihre eigentliche Aufgabe, die Mission der Familie und der Mutter, wieder zu erfüllen. (Ebd.)

Als nun alle Frauen aus parlamentarischen Diensten entlassen wurden, begründete Goebbels diese Handlung damit, dass man die Frauen nicht in die „Drecklinie des Parlamentarismus" herabziehen wolle. (Wiggerhaus, 1984: 16) Hitler kommentierte die Verdrängung der Frau aus dem Parlament in einer Rede auf dem Nürnberger Parteitag 1934 sehr ähnlich:

> (...) und die Frau, die in dieses parlamentarisches Getriebe gerät, wird nicht das Parlament veredeln, sondern dieses Getriebe wird die Frau schänden (...) (Wiggerhaus, 1984: 16)

Tätigkeiten im wirtschaftlichen, militärischen und politischem Bereich hatten nun ausschließlich einen virilen Charakter und Frauen in höheren Positionen wurden entweder degradiert oder gar nicht erst in solche aufgenommen. Richterinnen, Rechtsanwältinnen und Ärztinnen wurden aus ihrer Position entfernt. (Kopecká, 2015: 10)

Durch die zunehmende Verdrängung der Frau aus höheren Positionen des öffentlichen Lebens und der gleichzeitigen Schmälerung des weiblichen Wirkungskreises auf Bereiche der Kindererziehung, der Familie und der Rolle als Ehe- und Hausfrau gelangten die restlichen Tätigkeitsbereiche in die Hand des Mannes. (Tidl, 1984: 37f.) Joseph Goebbels sagte am 11. Februar 1934 darüber Folgendes:

> Die nationalsozialistische Bewegung ist ihrer Natur nach eine männliche Bewegung. (...) Wenn wir die Frau aus den Gebieten des öffentlichen Lebens ausschalten, so nicht, weil wir sie entbehren wollten, sondern weil wir ihr ihre eigentliche Ehre zu-

> rückgeben wollen. (...) Der vornehmste und höchste Beruf ist immer noch der der Frau und Mutter, und es würde das unausdenkbarste Unglück sein, wenn wir uns je von diesem Standpunkt entfernen ließen. (Piehslinger, 2013: 25 zit. nach: Thalman, 1984: 81)

Die Herabwürdigung der Frau und die Verdrängung von dieser aus den wichtigsten Tätigkeitsbereichen war, zusammengefasst, seit der Gründung der NSDAP ein Wesensmerkmal des nationalsozialistischen Weltbilds. (Tidl, 1984: 37f.)

4 Maßnahmen zur Festigung des nationalsozialistischen Frauenideals in der Gesellschaft

Um den hohen Menschenbedarf des kriegerischen Regimes zu decken, die Herrenmenschen Ideologie zu unterstützen und den vom Regime beworbenen Idealzustand der Frau zu erreichen, bedarf es einiger Maßnahmen, um die Mutterschaft möglichst attraktiv zu gestalten.

4.1 Attraktivierung der Mutterschaft

Im Nationalsozialismus wurden die Aufgaben, welche dem Mann und welche der Frau zukamen, penibel aufgeteilt. Während der Mann als Beschützer und Versorger der Familie betrachtet wurde, bestand die Aufgabe der Frau weitestgehend darin, der Volksgemeinschaft mit dem Gebären von Kindern zu dienen. Die vorherrschende Rollenverteilung war Folgende: der Genosse ist der Soldat und besorgt Futter während die Genossin für die Aufzucht des Nachwuchses zuständig ist. Goebbels äußerte sich über die Rolle der Frau und zog gleichzeitig eine Parallele zu der von der Natur gewollten Aufteilung der Aufgabenbereiche: (Bendel, 2007: o.S)

> Die Frau hat die Aufgabe, schön zu sein und Kinder zur Welt zu bringen. Das ist gar nicht so roh und unmodern, wie sich das anhört. Die Vogelfrau putzt sich für den Mann und brütet für ihn die Eier aus. Dafür sorgt der Mann für die Nahrung. Sonst steht er auf der Wacht und wehrt den Feind ab. (Gathmann / Martina, 2009: 188 zit. nach Goebbels)

Ein Zitat von Hitler lässt bereits erahnen, wo er die Aufgabe der Frau in der Gesellschaft sieht:

> Nicht im ehrbaren Spießbürger und in der tugendsamen alten Jungfer sieht er [der völkische Staat] sein Menschheitsideal, sondern in der trotzigen Verkörperung männlicher Kraft und in Weibern, die wieder Männer zur Welt zu bringen vermögen. (Dietz, 1994: 48, zit. nach: Hitler, 1924: 443ff.)

Die deutsch-arische Frau soll demnach möglichst viele gesunde (männliche) Kinder für das Volk gebären. Eine „echte deutsche Mutter" sollte mindestens vier Kinder haben: „ein Kind an der Hand, eines auf dem Arm, eines im Kinderwagen und eines unter dem Herzen" (Piehslinger, 2013: 7 zit. nach: Tidl, 1984: 73).

Ähnlich wie der „Führerkult" nahm auch der „Mutterkult" Formen an, die an eine fanatische religiöse Sekte erinnern. Die Funktion der Frau als Mutter wurde ideologisch geradezu übertrieben dargestellt. (Klienksiek, 1982: 84) Die Mutterschaft galt als „(...)das höchste erstrebenswerte Ideal eines Frauendaseins(...). (Klienksiek, 1982: 85)

> Die Von Gott und der Natur der Frau vorgezeichnete Stellung ist die Familie, in der sie als Gattin, Mutter und Hausfrau waltet. Jeder Beruf ist nur ein Notbehelf, erzwungen durch die Ungunst der Verhältnisse. (Klienksiek, 1982: 84)

Diese ideologischen Vorstellungen der deutschen Frau der NSDAP war durchaus kein ungewöhnlicher Ansatz. Viele konservative Parteien hatten bereits zuvor ähnliche Auffassungen vom Wesen und vom Tätigkeitsbereich der Frau kommuniziert. (Klinksiek, 1982: 23)

Das nationalsozialistische Bild der Frau ist folglich mehr als ein Bild der Mutter zu verstehen. Der weibliche Mensch wurde weniger als das Gegengeschlecht zum Mann betrachtet sondern erhielt viel mehr eine, der Ideologie der Partei entsprechende, Identität der Mutter. Die Frau galt als ein naturbestimmtes Wesen. Eingebettet in dieser Betrachtungsweise sah man das Vordringen der Frau in traditionell männliche Bereiche als eine Falsch- bzw. Fehlentwicklung an, die es im Interesse des femininen Geschlechts zu reversieren galt. (Ebd.) Hitler äußert sich zum „Glück der Frau" mit folgenden Worten: „Es gibt zwei Welten im Leben eines Volkes: die Welt der Frau und die Welt des Mannes (...) Die Welt der Frau ist, wenn sie glücklich ist, die Familie, ihr Mann, ihre Kinder, ihr Heim." (Klinksiek, 1982: 23. zit. nach: Rede des Führers am Parteitag der Ehre 1936, München)

Um dieses „Glück" zu ermöglichen, wollte Hitler der Frau nun „(...) in weitestem Ausmaße die Möglichkeit verschaffen, eine eigene Familie mitgründen und Kinder bekommen zu können, weil sie dann unserem Volke am allermeisten nützt." (Rede des Führers am Parteitag der Ehre 1936, München). Gleichzeitig sollten diese Ziele so dargestellt werden, dass die Rückführung zu dem „natürlichen" Tätigkeitsbereich keinesfalls als Geringschätzung der Frau verstanden werden konnte. (Klinksiek, 1982: 23) „Denn gerade ihr Muttertum, die Fähigkeit zur Mutterschaft ist es, was eine Frau dem Manne gleichberechtigt und überlegen macht." (Klinksiek, 1982: 23. zit. nach: Becker, 1939: 24)

Den vorangegangenen Aussagen ist zu entnehmen, dass trotz der „Zweitklassigkeit" der deutschen Frau gegenüber dem arischen Mann die natürlich gegebene Fähigkeit der Mutterschaft durchaus als ein gesellschaftlich und politisch relevanter Faktor betrachtet wurde.(Klinksiek, 1982: 24) Dem Staat war es ein Anliegen

„(...) weitmöglichst die ihm zur Verfügung stehende Frauenschaft ins Muttertum zu führen." (Klinksiek, 1982: 24. zit. nach: Friedrich, 1934: 42)

Die vorherrschende Ideologie der Frau als Mutter blieb von anderen Ideologien der Partei nicht verschont. Antisemitismus und Lebensraumpolitik prägten dieses Bild und die „reine, arische" Frau wurde in den Programmen der Partei bald zu einem wichtigen Faktor um den Fortbestand der „deutschen Rasse" zu sichern. (Bendel, 2007: o.S) Um der „Überfremdung" und dem „Überrollen durch die gebärfreudigen osteuropäischen Völker" (Lehker, 1984: 34) entgegen zu wirken, „(...) wurde das Bild der sich selbst aufopfernden Frau, die endlich ihre Wesenserfüllung erfahre, verbreitet. Man sprach von der 'Pflicht zur Mutterschaft' und dem Willen, dem 'Führer ein Kind zu schenken'" (Lehker, 1984: 34) (siehe Abbildung 1) Dennoch war man nicht über jede Frau als Mutter erfreut. „(...)es kam auf die soziale und rassische 'Qualität' des Nachwuchses an."(Lehker, 1984: 34)

Abbildung 1: Dem Führer die Jugend. Propagandapostkarte aus dem Jahr 1939.
Q: http://bit.ly/2w881Lz

Die arische Frau wurde dazu angehalten, möglichst viele Kinder mit hoher Rassenqualität zu gebären weil sie somit der Volksgemeinschaft am ehesten dienen kann. Von besonderem Interesse für die Partei war die Geburt von reinrassigen Söhnen, welche an der Front für das Vaterland kämpfen können und den eroberten Lebensraum im Osten besiedeln konnten. (Kopecká, 2015: 11) Der Staat versuchte mit allen Mitteln die Tätigkeit der Mutterschaft zu attraktiveren und die

Mutterschaft wurde sogar mit dem Krieg an der Front verglichen. Die Väter zogen in den Osten um „Lebensraum" zu erobern während die Mutter zuhause eine Schlacht zu schlagen hat: den neuen „Herrenmenschen" zu produzieren. (Wiggerhaus, 1984: 21)

> Was der Mann einsetzt in Heldenmut auf dem Schlachtfeld, setzt die Frau ein in ewig geduldigem Leid und ertragen. Jedes Kind, das sie zur Welt bringt, ist eine Schlacht, die sie besteht für das Sein oder Nichtsein ihres Volkes." (Aus der Rede Adolf Hitlers am 8. September 1934 in: Wiggerhaus, 1984: 21. zit. nach: Strecker, 1975: 21)

In unmittelbarer Verbindung zur Mutterschaftsideologie stehen andere Eigenschaften, die als klassische weibliche Charakteristika galten. So glaubte man, dass die Frau, aufgrund ihrer im Vergleich zum Mann niederen intellektuellen Fähigkeit, dem Kind besonders nahe steht. Somit galt sie schon von Natur aus als dafür bestimmt, die Erziehung der Kinder zu übernehmen. Zu ihren eigenen Besten sollte sie ihre Ausbildung nur soweit vorantreiben, als das sie ihre Aufgabe als Kameradin des Mannes und als Mutter erfüllen kann. (Klinksiek, 1982: 24)

Um die Anzahl der „kinderreichen" Mütter im Reich weiter zu steigern, setzte das Regime auf verschiedenste Maßnahmen, die im Folgenden näher erläutert werden.

4.1.1 Juristische Maßnahmen zur Steigerung der Geburtenzahlen

Im Zentrum der nationalsozialistischen Propaganda, die zum Ziel hatte, Frauen für die Mutterschaft zu motivieren, stand nicht die Ehefrau, sondern die verheiratete Mutter. Um entsprechende Anreize für eine Familiengründung zu setzen, zählte es zu den propagandistische Maßnahmen, an das Pflichtgefühl gegenüber dem Volk zu appellieren und Aktionen zu setzen, um die Wertschätzung der Mutter in der Gesellschaft zu erhöhen. Diese Maßnahmen waren jedoch nicht ausreichend. Auch finanzielle Anreize, wie zum Beispiel das Ehestandsdarlehen, schienen nicht zum gewünschten Erfolg zu führen. (Klinksiek, 1982: 70)

Die vielversprechendsten Erfolgsaussichten bot die möglichst frühe ideologische Prägung junger Frauen, d.h. die staatlich gelenkte Erziehung junger Mädchen. Da diese jedoch noch zu jung waren um unmittelbare „Resultate" zu erzielen, mussten Möglichkeiten geschaffen werden, um die bestehenden, bereits gebärfähigen Frauen, zu erreichen. (Klinksiek, 1982: 70)

Zunächst wurde daher die wohl geradlinigste und aus der Sicht der NSDAP erfolgversprechendste Variante gewählt, um die Geburtenraten nach oben zu schrauben und zwar die Steuerung über gesetzliche Änderungen.

In einem ersten Schritt wurde 1933 das Werben für „(...) Abtreibungsmitteln, Methoden oder Gegenständen ebenso unter Strafe gestellt wie das Anbieten von Abtreibungsdiensten." (Ebd.) Wer Mittel zu einer Abtreibung weiterhändigte, wurde ebenfalls bestraft, weil man wissentlich „kostbares Erbgut" zerstörte. (Bendel, 2007: o.S) In § 219 dStGb hieß es dazu: „Wer zu Zwecken der Abtreibung Mittel, Gegenstände oder Verfahren öffentlich ankündigte oder anpreist oder solche Mittel oder Gegenstände an einem allgemein zugänglichen Ort ausstellte, wird mit Gefängnis bis zu zwei Jahren oder Geldstrafe bestraft." (Rabeder, 2011: 25)

Auf Abtreibungen stand im Extremfall die Todesstrafe. (Bendel, 2007: o.S). Sie wurde in § 218 dStGB geregelt:

> Straftaten, die sich gegen das keimende Leben richten, gefährden und verletzen nicht nur Leben und Gesundheit des werdenden Menschen und der Mutter, sondern richten sich vor allem auch gegen die innere Kraft des Volkes. Es ist daher im Interesse der Erhaltung von Volk und Staat unbedingt erforderlich, gegen derartige Straftaten mit allem Nachdruck einzuschreiten. (Rabeder, 2011: 25)

Parallel wurde der Zugang zu Informationen zu Verhütungsmethoden durch die Schließung von Geburtenkontrollzentren erschwert. (Klinksiek, 1982: 70)

Selbst die Gesetzgebung blieb von der Rassen- und Minderwertigkeitsideologie nicht unbeeinflusst. Während „Frauen mit guten Erbgut" nicht abtreiben durften, wurden Frauen, die als „rassisch minderwertig" galten, sogar dazu gedrängt, abzutreiben. (Bendel, 2007: o.S). „So sollte gesichert werden, dass die deutsche Frau mit dem ‚gesunden und guten Blut' den Nachwuchs auf die Welt brachte, während die anderen als ‚entartet' angesehenen Frauen davon abgehalten wurden, Kinder auf die Welt zu bringen." (Ebd.) In Fällen von „ungewollter Mutterschaft" konnte es sogar zu einer Zwangssterilisation kommen.

Um die „rassisch hochwertige" von der „minderwertigen" Frau besser unterscheiden zu können, wurde der Verlauf der Schwangerschaft penibel protokolliert. Im Jahr 1935 verpflichtete Reichsinnenminister Wilhelm Frick alle Schwangeren dazu, eine Beratungsstelle aufzusuchen. Ab 1937 wurden außerdem Hebammen dazu angewiesen, über Schwangere, von denen sie hinzugezogen wurden, Tagebücher zu führen. Darin musste jede Fehlgeburt vermerkt werden. Durch diese beiden Maßnahmen sank die Anzahl der Abtreibungen erheblich und das Regime konnte den Verlauf von Schwangerschaften im zunehmenden Maße kontrollieren. (Klinksiek, 1982: 70)

Eine weitere Maßnahme des Regimes, die die Geburtenzahlen in die Höhe treiben sollten, waren finanzielle Anreize, die in Abhängigkeit von einer hohen Kinderanzahl standen. So gab es zum Beispiel bereits Kinderbeihilfen sowie steuerliche Erleichterungen für kinderreiche Familien bis hin zur absoluten Steuerentlastung ab einer Anzahl von vier Kindern. (Klinksiek, 1982: 70) Steuern für Ehepaare ohne Kinder hingegen erhöhten sich. Die Kombination aus der Bevorzugung von Eltern und Benachteiligung von kinderlosen Paaren sollte somit zum Kinderreichtum anregen. (Bendel, 2007: o.S)

Es gab auch andere Gesetzesänderungen, die die Lebensplanung der deutschen Frau in der NS Zeit lenkten. „Den Frauen wurde das passive Wahlrecht abgesprochen, Frauen wurden nicht mehr zu Justizberufen zugelassen, ab 1934 durften Ärztinnen keine Praxen mehr eröffnen und der Frauenanteil an Universitäten durfte nur noch 10 % aller Studenten betragen. Dazu kam, dass der Ehemann in der Ehe alle Entscheidungen treffen durfte." (Bendel, 2007: o.S). Nach § 1343 BGB war es dem Ehemann vorbehalten, die Ehefrau dazu zu zwingen, ihren Beruf aufzugeben. Zudem hatte der Mann in der Ehe die „Freiheit", sich von seiner Frau scheiden zu lassen, wenn diese unfruchtbar war oder keine Kinder wollte. (Bendel, 2007: o.S).

Aus den beschriebenen Maßnahmen wird ersichtlich, dass man bei Neuerungen in der nationalsozialistischen Gesetzgebung bemüht war, die Geburtenrate zu erhöhen. Frauen sollten ihr Leben so führen, dass sie mit ihrem Kinderreichtum dem Reich dienen. (Bendel, 2007: o.S).

Neben den gesetzlichen Regelungen wurde auch versucht, die Vielmutterschaft mithilfe eines besonderen Platzes in der Gesellschaft zu ehren.

4.1.2 Das Mutterkreuz

Abbildung 2: Ehrenkarte der deutschen Mutter. Q: http://bit.ly/2uWjUQR

Mütter wurden im Nationalsozialismus auf verschiedene Art und Weise geehrt. Sie erhielten beispielsweise die „Ehrenkarte für die deutsche Mutter", durch welche eine Mutter mit mindestens einem Kinder unter zwei Jahren zahlreiche Vergünstigungen beim Einkaufen erhielt und ihr auch gute Plätze bei öffentlichen Veranstaltungen zustanden. (Ahlheim, 2008: o.S) (siehe Abbildung 2) Ab dem Jahr 1938 wurde als Belohnung für eine überdurchschnittlich hohe Kinderanzahl am Muttertag, welcher ein Nationalfeiertag war, das „Ehrenkreuz der deutschen Mutter" verliehen, das im Volksmund auch als „Kaninchenorden" bekannt war. (Tidl, 1984: 73) Es gab, je nach Anzahl der Kinder, die „für das Reich" geboren wurden, verschiedene Arten des Mutterkreuzes:

> Das Ehrenzeichen, ein längliches Kreuz, blau emailliert, mit weißem Rande, ist inzwischen zum festen Begriff in unserer Volksgemeinschaft geworden. Auf rundem weißem Schild trägt es das schwarze Hakenkreuz und darum einen Metallrand mit der Aufschrift „Der deutschen Mutter". Die Rückseite zeigt das Datum der Stiftung, den 16. Dezember 1938, und den Namenszug des Führers. Für Mütter von vier und fünf Kindern wird bekanntlich die dritte Stufe, in Bronze, für Mütter von sechs bis sieben

Kindern die zweite, in Silber, und für Mütter von acht und mehr Kindern die erste, in Gold, verliehen. Voraussetzung ist, daß die Eltern der Kinder deutschblütig und erbtüchtig, die Mütter der Auszeichnung würdig und die Kinder lebend geboren sind. (Tidl, 1984: 73f. zit. nach: VB, 15.12.43 „Unsere Mütter – Wegbereiterinnen des Sieges")

Das Mutterkreuz ähnelt optisch sehr stark dem Eisernen Kreuz. Diese Ähnlichkeit wird vom Reichsärzteführer Wagner folgendermaßen erklärt: „Die deutsche Mutter soll den gleichen Ehrenplatz in der deutschen Volksgemeinschaft erhalten wie der Frontsoldat, denn ihr Einsatz von Leib und Leben für das Volk und Vaterland war der gleiche wie der des Frontsoldaten im Donner der Schlachten." (Weyrather, 1993: 152 zit. nach: Burgdörfer, 1940: 79) Das Kreuz diente als Statussymbol und es gab genaue Richtlinien, bei welchen Anlässen und wie das Mutterkreuz zu tragen war. Diese Regelungen wurden in einem „Merkblatt über das Tragen des Ehrenkreuzes der deutschen Mutter" vermerkt. (Ebd: 153)

Neben der Kinderanzahl gab es auch noch andere Kriterien, die erfüllt werden mussten, um das Mutterkreuz zu erhalten. Die Frau musste „ (...) deutsch-blütig', ‚erbgesund', ‚anständig' und ‚sittlich einwandfrei'" sein. (Bendel, 2007: o.S) Zudem durfte weder der Ehemann noch eines der Kinder vorbestraft sein, der Haushalt musste sauber sein, die Kinder durften keine schlechten Noten in der Schule haben und die Familie durfte keine Fürsorgeleistungen beziehen. (Ebd.) Trotz diesen zahlreichen Voraussetzungen erhielten bis zum Jahr 1945 etwa 5 Millionen Frauen das Mutterkreuz. (Ebd.)

Mit dieser Auszeichnung erhoffte sich das Regime unter anderem, Frauen zu einer höheren Bereitschaft zu motivieren, dem Reich ihr Kind zu schenken. Dieser Versuch scheiterte jedoch und die Geburtenzahlen änderten sich durch dieses propagandistische Mittel kaum. (Kuhn / Rothe, 1987: 129)

Das Regime war somit gezwungen, auf weitere, finanzielle Maßnahmen zur Steigerung der Attraktivität der Mutterschaft zu setzen.

4.1.3 Ehestandsdarlehen:

Da als Rahmen für die Zeugung von Kindern ganz allgemein die Ehe galt, wurden bereits 1933 Anreize für eine vermehrte Anzahl an Eheschließungen gesetzt. Der wohl bekannteste dieser Anreize ist das Ehestandsdarlehen. (Kompisch, 2008: 20) Diese Maßnahme wurde im Zuge des „Gesetzes zur Vermeidung der Arbeitslosigkeit" vom 1.06.1933 verabschiedet. Dadurch war es möglich, dass Personen, die eine Ehe miteinander eingingen, ein Darlehen von bis zu 1000 Reichsmark seitens des Staates gewährt wurde. (Schmitz-Berning, 2007: 161)

Das Ehestandsdarlehen wurde unter der Parole „Die Ehestandsdarlehen beleben das Geschäft" zumeist in Form von „Bedarfsdeckungsscheinen" ausgezahlt, welche dann gegen Möbel oder Haushaltsgegenstände eingetauscht werden konnten. Das unverzinsliche Darlehen in der Höhe von 500-1000 Reichsmark, das junge Eheleute beantragen konnten, musste jedoch monatlich mit 1% der Darlehenssumme getilgt werden. Für jedes Neugeborenes, das aus der Ehe stammte, wurde die Tilgung ein Jahr lange unterbrochen und die zu tilgende Summe um ein Viertel reduziert. Demnach war es also möglich, das staatliche Darlehen, wie es im Volksmund hieß, „abzukindern". (Kuhn / Rothe, 1987: 89ff.)

Das Darlehen wurde allerdings nur unter bestimmten Bedingungen vergeben: Die angehende Ehefrau durfte im Zeitraum vom 1.06.1931-31.05.1933 nicht weniger als sechs Monate im Inland als Arbeitnehmerin tätig gewesen sein und ein bestehendes Arbeitsverhältnis musste beendet werden, solange der Ehemann im Sinne des Einkommenssteuergesetzes nicht mehr als 125 Reichsmark monatlich erhielt. Erst nach der Tilgung des Darlehens durfte die Frau wieder arbeitstätig werden. (Berning-Schmitz, 2007: 161) Durch diese Einschränkung verfolgte man die Absicht „(...) im Laufe der Jahre die große Mehrzahl der weiblichen Arbeitskräfte aus dem Arbeitsmarkt herauszuziehen, und die dadurch frei werdenden Arbeitsplätze durch Männer zu besetzen." (Reinhardt / Wittrich, 2007: 49)

Zusätzlich erhielten nur „arische" Antragsteller das Darlehen und zwar nur unter der Bedingung, dass die Ehe im „Interesse der Volksgemeinschaft" lag und dass man sich aus der Ehe „erbgesunde" Kinder erwarten konnte. (Buggeln / Wildt, 2014: 74) Die geistige und körperliche Gesundheit beider Ehepartner war natürlich eine weitere Grundvoraussetzung. Männer, die aufgrund ihrer körperlichen oder seelischen Verfassung in ihrer Erwerbstätigkeit beeinträchtig waren, hatten ebenso wenig Chancen auf einen staatlichen Kredit wie Frauen, die, aus welchen Gründen auch immer, ihren mütterlichen Pflichten nicht uneingeschränkt nachgehen konnten: (Klienksiek, 1982: 87) „Besondere Beachtung ist bei der Untersuchung der Antragssteller der Frage der Fortpflanzungsfähigkeit zu widmen. Bei sicher bestehender Fortpflanzungsunfähigkeit ist der Antrag nicht zu befürworten." (Klienksiek, 1982: 87 zit. nach: Reichsgesundheitsblatt, 1939: 70)

Beim Ehestandsdarlehen kann man wohl kaum von einer familienfreundlichen Sozialleistung sprechen, sondern von einer Vorgangsweise, bei der ganz andere politische Hintergedanken im Spiel waren. Primär stellte das Darlehen eine „(...) bevölkerungspolitische Maßnahme im Sinne der terroristischen Rassen- und Klassenpolitik des Systems dar." (Kuhn / Rothe, 1987: 88) Zudem entsprang das Gesetz dem Interesse des Staates, die Anzahl an Arbeitslosen zu reduzieren, indem er gegen die „Doppelverdienerschaft" vorging. (Ebd.) Tatsächlich ging die Zahl der Frauen, die im industriellen Aufgabenbereich tätig waren, zurück. Statistisch betrachtet wurden zahlreiche Arbeitsplätze geschaffen, die aber in Wirklichkeit als eine neue Art von verdeckter Arbeitslosigkeit zu verstehen war. (Ebd. 88f.)

Die Ehe, welche wie vorhin schon erwähnt wurde, als Rahmenbedingung für das Gebären und Aufziehen von Kindern galt, wurde im Nationalsozialismus weitgehend entromantisiert Auch in diesem Packt zwischen Mann und Frau sind Veränderungen, hervorgerufen durch die Ideologien des Regimes, zu erkennen.

4.2 Die Ehe im Nationalsozialismus: Pflichttreue und Fortbestand der Rasse

Jegliche Anstrengungen seitens der Frauenbewegungen, die Ehe entsprechend der Idee der personalen Autonomie und der Dignität der Frau zu wandeln, wurden durch den Nationalsozialismus bekämpft. (Kuhn / Rothe, 1987: 113) Die Idee der rassischen und völkischen Gemeinschaft übte sehr bald einen großen Einfluss auf das neue Verständnis der Ehe aus. Dieser Einfluss sollte sehr schnell zu einer Auffassung, fern von der traditionellen Ehe, führen. Hitler schreibt über sein Verständnis der Ehe und den Gefahren welche er durch eine Rassenmischehe sieht:

> Auch die Ehe kann nicht Selbstzweck sein, sondern muß dem einen größeren Ziele, der Vermehrung und Erhaltung der Art und Rasse, dienen(...) (Hetzel, 1997: 39 zit. nach: Mein Kampf: 275f.) Es gibt nur ein heiligstes Menschenrecht, und dieses Recht ist zugleich die heiligste Verpflichtung, nämlich: dafür zu sorgen, daß das Blut rein erhalten bleibt (...) (Ebd.: zit. nach: Mein Kampf: 444) Ein völkischer Staat wird damit in erster Linie die Ehe aus dem Niveau einer dauernden Rassenschade herauszuheben haben, um ihr die Weihe jener Institution zu geben, die berufen ist, Ebenbilder des Herren zu zeugen und nicht Mißgeburten zwischen Menschen und Affe. (Ebd.:zit. nach: Mein Kampf: 444f.)

> **Zehn Gebote für die Gattenwahl**
>
> 1. Gedenke, daß Du ein Deutscher bist
>   ...
> 2. Du sollst, wenn Du erbgesund bist, nicht ehelos bleiben
>   ...
> 3. Halte Deinen Körper rein!
>   ...
> 4. Du sollst Geist und Seele rein halten
>   ...
> 5. Wähle als Deutscher nur einen Gatten gleichen oder Nordischen Blutes
>   ...
> 6. Bei der Wahl Deines Gatten frage nach seinen Vorfahren
>   ...
> 7. Gesundheit ist Voraussetzung auch für äußere Schönheit
>   ...
> 8. Heirate nur aus Liebe
>   ...
> 9. Suche Dir keinen Gespielen, sondern einen Gefährten für die Ehe
>   ...
> 10. Du sollst Dir möglichst viele Kinder wünschen

Abbildung 3: Zehn Gebote für die Gattenwahl. Q: (Klinksiek 1982: 150)

Helmut Nicolai[3] bezeichnete die Ehe, welche zwischen Menschen verschiedener Rasse geschlossen wird als Rassenschande und als Verrat an dieser. Die Bekämpfung dieser Schande, so Nocolai, muss die wichtigste Aufgabe der Rechtspolitik sein. (Hetzel, 1997: 39)

Für Hans Frank[4] bestand der Hauptsinn der Ehe darin, dass sie „die sicherste Grundlage zur Schaffung und Erhaltung einer deutschblütigen erbgesunden Bevölkerung durch gesunden volksbewußten Nachwuchs" war. (Ebd.) Siehe dazu Abbildung 3: Hier werden „10 Gebote für die Gattenwahl" angeführt, welche 1934 in der nationalsozialistischen Frauenwarte[5] gedruckt wurden.

---

[3] Deutscher Jurist im Dienste des NS Regimes

[4] Geboren am 23 Mai 1900 und 1946 hingerichtet im Zuge der Nürnberger Prozesse. War als Hitlers Rechtsanwalt tätig und galt als der höchste Jurist im dritten reich. Während des Krieges war er Generalgouverneur Polens und wurde von Zeitgenossen „Schlächter von Polen" und „Judenschlächter von Krakau" genannt.

[5] Die Nationalsozialistische Frauenschaft gab neben anderen Zeitschriften auch die „NS-Frauenwarte" heraus. Diese war eine Zeitschrift, die als die „einzige parteiamtliche Frauenzeitschrift" bekannt war. Das Magazin erschien jede zweite Woche. Die Zeitschrift erschien erstmals 1932 und ihre letzte Ausgabe kam im Frühjahr 1945 heraus. 1938 wies diese Illustrierte eine Auflage von etwa einer Millionen Exemplare auf.

Damit die „Qualität" des Nachwuchses den Ansprüchen des NS-Regimes gerecht wurde, wurden neue Beratungsstellen in den Gesundheitsämtern ins Leben gerufen. So gab es sowohl Beratungsstellen für Erb- und Rassenpflege als auch solche, die einen Eheberatungsdienst nach rassischen Leitgedanken durchführten. (Klinksiek, 1982: 71)

Aus Publikationen dieser Zeit geht ausnahmslos hervor, dass die Ehe als keine „individuelle Lebensgemeinschaft von zwei Privatpersonen unter staatlichem Schutz" (Ebd.: 68) betrachtet wurde, sondern sie wurde viel mehr als Basis und als Keimzelle der Nation gesehen. (Ebd.)

Zusammengefasst lag der Zweck der Ehe im dritten Reich primär in der Geburt und in der Erziehung der Kinder. Hierbei wiederum galt das Hauptaugenmerk der Produktion von „völkisch wertvollem" Nachwuchs. Um diesen Zielen nachzukommen, wurden weite Bereiche innerhalb der Ehe entprivatisiert und den Eheleuten wurden viele Entscheidungsfreiheiten, abgesprochen. (Ebd.: 72) Wie die Ehe im „Idealfall" aussah, konnte man dem neuen Eherecht entnehmen:

> Ehe ist die von der Volksgemeinschaft anerkannte, auf gegenseitiger Treue, Liebe und Achtung beruhende dauernde Lebensgemeinschaft zweier rassengleicher, erbgesunder Personen verschiedenen Geschlechts zum Zweck der Wahrung und Förderung des Gemeinwohls durch einträchtige Zusammenarbeit und zum Zweck der Erzeugung rassengleicher, erbgesunder Kinder und ihrer Erziehung zu tüchtigen Volksgenossen." (Klinksiek, 1982: 69 zit. nach: Mößmer, o.J.: 11)

Auf der anderen Seite bemühte sich die Politik, die Ehe, welche aus Liebe oder anderen persönlichen, nicht vorrangig dem Gemeinwohl nützenden Gründen geschlossen wurde, weitestgehend abzuwerten:

> Die Ehefragen haben durch die nationalsozialistische Ideenrichtung neuartige Beleuchtung erfahren. Mann und Frau haben wieder gelernt, daß eine Ehe nie und nimmer aus Egoismus und Materialismus oder unter den Zweckgesichtspunkten der Triebbefriedigung und der Bequemlichkeit geschlossen werden darf,(...) .(Kuhn / Rothe, 1987: 114 zit. nach: Vorwerck in: Das deutsche Frauenbuch: 183ff.)

Doch hier endete die Einmischung der Politik in den privaten Bereich noch nicht. Das Regime versuchte im Gegenteil sogar, die Sexualität der Ehepartner zu steuern In diesem Sinne wurde darauf hingewiesen, dass wenn

> „(...)der Geschlechtsverkehr von vornherein lediglich zum Zwecke des Genusses gepflegt [wird], so vergiftet dies die Beziehung der Gatten zueinander, und schädigt es namentlich die Sittlichkeit der Frau. Sie betrachtet den Vollzug des Beischlafes nicht

mehr, wie sie von Natur aus geneigt ist, mit Ehrfurcht als eine folgenschwere und bedeutsame Handlung, bei der die geheimnisvollen Urmächte des Lebens das verborgene Treibende sind, sondern lernt allmählich, daß es sich bloß um ein Vergnügen handele." (Klinksiek, 1982: 71f. zit. nach: Gruber, 1939: 101)

Bedeutende inhaltliche Veränderungen im Eherecht gab es bis 1938 keine. Im Mittelpunkt standen Aspekte der Eugenik und der Rassenlehre, weshalb es der NS- Regierung als weitaus wichtiger erschien, noch mehr Gesetze zu erlassen, die zur Ausmerzung unerwünschter, als nicht wertvoll erachteter Nachkommen beitrugen. Folgend werden drei zentrale Gesetze erwähnt, die im Zeitraum zwischen 1933 und 1935 zu diesem Zwecke erlassen wurden. (Klinksiek, 1982: 72)

4.2.1 Gesetz zur Verhütung erbkranken Nachwuchses

Dieses Gesetz, erlassen 1934, verankerte die Zwangssterilisation von Menschen mit Erbkrankheiten. „Hat das Gericht die Unfruchtbarmachung endgültig beschlossen, so ist sie auch gegen den Willen des Unfruchtbarzumachenden auszuführen (…)" (Klinksiek, 1982: 73 zit. nach: RGBl. 1933, Teil 1 § 12.) Ein eigens dafür eingerichtetes Erbgesundheitsgericht hatte über diese Anträge zu entscheiden.

4.2.2 Gesetz zum Schutz des deutschen Blutes und der deutschen Ehre

Abbildung 4: „Moralisch Wirksame" Sanktion (Q: Tidl 1984: 265)

Das Gesetz zum Schutz des deutschen Blutes und der deutschen Ehre wurde im Rahmen der Nürnberger Gesetze am 15.09.1935 erlassen.

Das Gesetz besagte, dass Eheschließungen (§ 1) und außerehelicher Verkehr (§ 2) zwischen Juden und Staatsangehörigen deutschen oder artverwandten Blutes verboten waren. (Ebd. §§ 1,2.) Wer gegen diese Anordnung verstieß, hatte mit Gefängnisstrafen oder mit anderen „moralisch wirksamen" Sanktionen zu rechnen. (Klinksiek, 1982: 74f.) (siehe Abbildung 4)

4.2.3 Gesetz zum Schutze der Erbgesundheit des deutschen Volkes

Das Gesetz zum Schutze der Erbgesundheit des deutschen Volkes wurde am 18.10.1935 erlassen. Dieses Gesetz sah im Wesentlichen vor, Ehen, welche „gesundheitlich unerwünscht" waren, zu verhindern. „Bei schweren, ansteckenden Krankheiten, Geistesstörung und Erbkrankheiten(...)" wurde es dem Paar verboten, in den Bund der Ehe einzutreten. (Klinksiek, 1982: 75f.) Um überhaupt heiraten zu können, musste vor einer Eheschließung ein Gesundheitszeugnis vorgelegt werden. Ehen, die ohne Genehmigung geschlossen wurden, galten als nichtig. (Ebd.)

Dass das im Dritten Reich intensiv propagierte und gesetzlich untermauerte gesellschaftliche Ideal der gesunden, gebärfreudigen und sich für die Familie aufopfernden deutschen Frau durchaus einen amorphen, pragmatischen Charakter aufwies und in großer Abhängigkeit von den wirtschaftlichen und gesellschaftlichen Rahmenbedingungen stand, zeigte sich allerdings, als die politische Lage im Regime sich nach und nach veränderte.

5 Politischer Pragmatismus und die Entstehung undogmatischer Weiblichkeitskonzeptionen

Piehslinger (2013: 6) stellte fest, dass das Frauenbild im Nationalsozialismus kaum als Konstante aufgefasst werden kann. Es zeigten sich oftmals sehr drastische Widersprüche zur vorangegangenen Norm, welche in den Vorkapiteln beschrieben wurde. Aufgrund der sich ständig wandelnden gesellschaftlichen sowie wirtschaftlichen Situation waren zahlreiche Anpassungen an die vorherrschenden Bedürfnisse des Regimes nötig. (Piehslinger, 2013: 6)

Abbildung 5: Hilf auch Du mit! Deutsches Propagandaposter aus dem Jahr 1941.Q: http://bit.ly/2xac3Qk

In der Kriegszeit wurde etwa versucht, Berufsfelder, die aufgrund der geringen Entlohnung und der gleichzeitigen hohen körperlichen Anforderungen unpassend für Frauen galten, dem weiblichen Geschlecht wieder schmackhaft zu machen. Dies war nötig, weil durch den Einsatz an der Front ein Mangel an männlichen Arbeitskräften bestand. Besonders das Bild der Frau in der Landwirtschaft drängt sich hier zur Veranschaulichung auf. (Kuhn / Rothe, 1987: 14) (siehe Abbildung 5)

Der zusätzliche Versuch, typische Frauenarbeiten, die im Allgemeinen als geistig wenig ansprechende Tätigkeiten abgetan wurden, aufzuwerten, ist ebenfalls als

Mittel zum Zweck zu sehen: Die Frau sollte in ihrer Rolle als Hausfrau und Mutter höhere Anerkennung erfahren, um sie so für den Einsatz in Bereichen, aus denen sie zuvor so penibel herausgehalten wurde, zu motivieren. (Kuhn / Rothe, 1987: 16)

Die amorphe Einstellung der Partei gegenüber Frauenarbeit hatte, wie es sich im Laufe dieses Kapitels noch zeigen wird, eine ganz bestimmte Funktion: „(...) durch Propaganda und subtilen psychischen Zwang [sollte] die weibliche Arbeitskraft im Sinne der Systembedürfnisse [gelenkt werden]." (Kuhn / Rothe, 1987: 15) Wie diese propagandistischen Maßnahmen sich im Detail gestalteten, soll im Folgenden näher erörtert werden.

5.1 Aufwertung des Berufes der Hausfrau

Ein nicht uneigennütziges Bewerben der typischen Frauenarbeit seitens der NS-Regierung war zunächst mit der Aufwertung der Hausfrauenarbeit zu beobachten. Der Beruf der Hausfrau wurde gleichrangig mit anderen Handwerklichen Berufen gestellt. Dies zeigt sich besonders dadurch, dass im ersten Quartal 1941 die „Hauswirtschaftliche Lehre" als eine anerkannte Berufsausbildung zugelassen wurde. Nach einer zweijährigen Ausbildung erhielt der Lehrling dann den Titel einer „geprüften Hausgehilfin."

Welche Erwartungen man von der nun mit einem Male hoch angesehenen Hausfrau hatte, ist einem Text aus Scholtz-Klinks Werk „Einsatz der Frau in der Nation" mit dem Titel „Der Kochlöffel ist die Waffe der Frauen" zu entnehmen. Hier heißt es:

> Weil wir heute Hauswirtschaft anders werten müssen als früher, wissen wir, daß eine gute Haushaltsführung eine für die deutsche Volkswirtschaft unersetzliche und entscheidende Leistung der Frau darstellt und deshalb für alle Mädchen Voraussetzung und Verpflichtung für ihren Einsatz in der Nation bedeutet.(...) Wenn auch unsere Waffe auf diesem Gebiet nur der Kochlöffel ist, soll seine Durchschlagskraft nicht geringer sein als die andere Waffe. (Kuhn / Rothe, 1987:31. zit. nach: Scholtz-Klink In: Einsatz der Frau in der Nation. 1937: 6ff.)

Die Bestrebungen seitens der NS-Regierung, den Beruf der Hausfrau aufzuwerten, und ihr neue Berufsaussichten zu geben, kann man als Entschädigung für die Verdrängung der Frau aus den von Männer dominierten Gesellschaftsbereiche auffassen.(Tidl, 1984: 78)

Doch auch hier lässt sich sagen, dass die NS- Führung nicht uneigennützig handelte: Es passte in die Ideologie des Regimes, einen straff geführten Haushalt zu forcieren. Nicht nur sicherte ein solcher die Aufzucht von gesunden deutschen Kindern; es war zudem ein Vorteil, wenn man während des Krieges jemanden die Teilschuld dafür zuschieben konnte, wenn es an gewissen Ressourcen mangelte, weil die ausgebildeten Hausfrauen ja eigentlich besser hätten wirtschaften können. Mit fortlaufender Kriegsdauer wurde es für die (gelernte) Hausfrau jedoch immer schwieriger, den Haushalt effektiv zu leiten. (Tidl, 1984: 78)

Angesichts immer knapper werdender Ressourcen – bedingt durch den Krieg – wurde die Tätigkeit der Hausfrau somit zunehmend zur Belastungsprobe. Sie sollte bei minimalem Aufwand und mit einer geringen Menge an Ressourcen einen maximalen Nutzen erwirtschaften. Die NS-Führung kam diesem Umstand mit drei Schlagwörtern entgegen:

> „Verbrauchslenkung", „Sachverwaltung" und „Sparsamkeit". Unter diesen drei Begriffen musste die (Haus-) Frau nun eine zusätzliche Last tragen. Von ihr wurde im Sinne der Verbrauchslenkung erwartet, dass sie die Wechselbeziehung zwischen Hauswirtschaft und Volkswirtschaft erkannte und diese in ihrer Tätigkeit als Hausfrau berücksichtigte."(Tidl, 1984: 79)

Ein weiteres Zitat aus dem 1934 publizierten NS Frauenbuch zeigt, wie schier unmöglich es für eine durchschnittliche Hausfrau war, angesichts der komplizierten Umstände, den Haushalt wirtschaftlich zu betreiben und was ihr abverlangt wurde:

> Jede Hausfrau muss wissen, daß sie ein Rädchen der gesamten Rädergruppe Haushalt ist, und daß die große Rädergruppe Haushalt wiederum zusammen mit den anderen Rädergruppen wie Landwirtschaft, Handwerk, Industrie usw. erst das gesamte Räderwerk der Volkswirtschaft ausmacht. (Kuhn / Rothe, 1987: 28f. zit. nach: Dr. Vorwerck In: NS Frauenbuch 1934: 90f.)

Wie schon zuvor verlagerte das NS-Regime also ursprünglich private Aufgabenbereiche in einen öffentlichen Kontext: Eine Hausfrau, welche den Haushalt mangelhaft führte, galt sofort als verantwortungslos gegenüber dem Volk. (Kuhn / Rothe, 1987: 26 zit. nach: Zühlke, 1934: 46ff) Die Sachwerterhaltung verlangte von der Frau im Wesentlichen:

- „Die vorhandenen Lebensmittel optimal zu verwerten.
- Die Speisen richtig zuzubereiten und zusammenzustellen

> - Kleidung und Wäsche, Möbel und Haushaltsgeräte sorgfältig aufzubewahren und zu pflegen." (Tidl, 1984: 79)

Durch die Fähigkeit – oder die Unfähigkeit – einen Haushalt zu führen, sollt sogar eine Stärkung – oder Schwächung – des Widerstandes gegen den Feind von außen abhängig sein. Wie folgendes Zitat aus dem Volksblatt vom Juni und Juli 1945 suggeriert:

> Es ist (...) nicht gleichgültig, ob in einer Familie gut und zweckmäßig gewirtschaftet wird oder ob dort Volksvermögen vergeudet, wertvolle Rohstoffe verschleudert oder Nahrungsmittel dem Verderben preisgegeben werden (...),(Tidl, 1984: 79. zit. nach: VB, 25.07.44 „Die Hausfrau lernt nie aus": 5) (...) denn die richtige Verwertung der Lebensmittel, die Bewahrung der Spinnstoffe und Geräte stärken unsere Widerstandskraft gegen die Feinde. (Tidl, 1984: 79. zit. nach: VB, 08.06.44 „Neue hauswirtschaftliche Prüfungsstelle": 5)

Welche absurden Erwartungen man sich von der Sparsamkeit in den Haushalten erhoffte und welche Verzweiflung und Not gegen Ende des Krieges bereits herrschte veranschaulicht folgendes Beispiel:

> Wie produktiv die Tätigkeit der Hausfrau ist, möchte ich an einem kleinen Beispiel dartun: Wenn in Deutschland in einer Familie in einer Woche ein Stück Brot achtlos beiseitegeworfen wird, das 50 Gramm wiegt – es ist das nur eine kleine Scheibe Brot-, so macht das bei 17 ½ Millionen Familien, die wir in Deutschland haben, in einem Monat 8750 Doppelzentner Brot aus, d.h. in einem Jahr 445000 Doppelzentner; das sind 4000 Eisenbahnwagen voll Brot. Nun prüfen sie einmal selber, meine Frauen, wie oft Sie ein Stück Brot achtlos beiseite liegen lassen. (Kuhn / Rothe, 1987: 29 zit. nach: Scholtz-Klink, 1936 In: Schriften der Deutschen Hochschule für Politik. Heft 23: 13f.)

Der andauernde Krieg führte dazu, dass Frauen Tätigkeiten, die ursprünglich von Männern ausgeführt wurden, übernahmen. Waren zuvor Frauen aktiv aus dem Berufsleben verdrängt worden sollten sie nun dort eingreifen, wo nicht mehr genug männliche Hände vorhanden waren.

5.2 Die Frau in der Arbeitswelt des Mannes

Abbildung 6: Wir Frauen kennen unsere Pflicht. Propagandaplakat aus dem Jahr 1942. Q: http://bit.ly/2x9VjbL

Der anfängliche Versuch, Frauenarbeit auf „sichere" Umfelder wie Heim und Hof zu beschränken, wehrte nicht lange. Aufgrund der hohen Anzahl an Gefallenen, Invaliden oder an der Front stationierten Männern wurden Frauen zunehmend für Schwerstarbeit in Fabriken benötigt. (Wiggerhaus, 1984: 22)

> (...) sie hat die Posten zu beziehen, von denen der Mann zum Dienst mit der Waffe abberufen wurde. Auf allen Lebensgebieten, wo es an Männern fehlte, hat sie den Mann zu vertreten. Hinter dem Pflug und in der Rüstungsindustrie, in der Eisenbahn und am Postschalter, an unzähligen Orten, (...) füllt nun die Frau die Lücken, die der Krieg an der Front der Arbeit gerissen hat. (Kuhn / Rothe, 1987: 36. zit. nach: Frauen helfen Siegen. Bilddokument vom Kriegseinsatz unserer Frauen und Mütter.,Geleitwort von Gertrud Scholtz Klink, Berlin: Zeitgeschichte Verlag. 1941: o. S)

Der durch den Krieg bedingte massenhafte Einsatz von Frauen in ursprünglich männlichen Berufen führte zu einem Wandel des Leitbildes der Frau. Man bewilligte nicht nur den Eintritt von Frauen in traditionell männliche Berufe, sondern man stellte großmütig fest, „(...) dass Frauen im Prinzip zu denselben Arbeitsleistungen fähig seien wie Männer (...)" (Tidl, 1984: 83f.) (Siehe Abbildung 6)

Diese Entwicklung führte dazu, dass Frauen aus ihren traditionellen Zuständigkeitsbereichen ausbrachen. (Ebd.) Aufgrund der wirtschaftlichen und sozialen Notwendigkeit wurde dieser Wandel mit Wohlwollen verfolgt und sogar gefördert und gepriesen. (Ebd.:84) Hierzu wurde im Volksblatt vom 6 Februar 1940 folgendes geschrieben:

> Es ist nicht mehr so, daß die Hausmutter abseits steht, ihre Suppe siedet und unberührt vom politischen Leben, vom Vaterland unberührt den Staubwedel schwingt (...) (Tidl, 1984: 84. zit. nach: VB, 06.02.40. Der Pascha hinterm Ladentisch: 6)

Ihrer neuen Pflicht, für den Mann einzuspringen, konnte die Frau außerdem aus Sicht der damaligen Propaganda auch nicht entfliehen, auch wenn es sie naturgemäß zu ihren „angestammten" Platz in der Familie zurückzog. So steht im Volksblatt vom August 1944:

> In dem Augenblick, in dem eine feindliche Welt hart an unseren Grenzen rüttelt, kann die Frau sich nicht mehr auf das eigene Heim, die Familie, die Küche und die Kinderstube als „einzige anerkannte" Auswirkungsmöglichkeit ihres Wesens zurückziehen (...) (Tidl, 1984: 84. zit. nach: VB, 20.08.44. „Die seelische Seite: 8)

Hervorzuheben ist, dass sich nicht nur die traditionellen Tätigkeitsbereiche der Frau notgedrungen verschoben, sondern auch Männer dazu animiert wurden, ihren Frauen bei der Hausarbeit zur Hand zu gehen.1943 heißt es zu diesem Thema in einem Artikel des Völkischen Beobachters noch, dass der Mann durchaus von seiner Frau erwarten könne, nach seinem Tageswerk zuhause einen gedeckten Tisch vorzufinden. Bereits zwei Jahre später werden in einem Artikel des Völkischen Beobachters Männer dazu angehalten, ihren Beitrag im Haushalt zu leisten: (Tidl, 1984: 84.)

> Man soll nicht sagen, daß es unter der Würde des Mannes wäre, mit Staubtuch und Besen zu hantieren. Mit dem gleichen Recht könnte die Frau behaupten, daß es mit ihrer Würde als Hüterin des Hauses und ihrer Familie nicht zu vereinbaren ist, wenn sie nietet und schweißt, wenn sie Kohle lädt und in die Monotonie einer Fließbandarbeit eingespannt ist(...)(Tidl, 1984: 84. zit. nach: VB, 16.01.45. Achtung vor der Frau: 4)

Dieses Zitat zeigt, wie sehr das Regime von der Frau als Arbeitskraft abhängig war. Entgegen des eingefleischten nationalsozialistischen Frauenbildes werden Männer in einem immer stärker werdenden Ausmaß dazu angehalten, ihre Frauen bei den häuslichen Tätigkeiten zu unterstützen, mit der Begründung, dass die Frau in Krisenzeiten ja auch „ihren Mann gesteht".

5.3 Die Frau als gläubige Stütze der Nation

Mit der zunehmenden Expansion des Tätigkeitsbereiches der Frau veränderten sich auch die drei elementaren Schwerpunkte, welche ihr zugesprochen worden waren, nämlich Mutterschaft, Hausfraudasein und frauliche Arbeit. Diese wurden noch um die Schwerpunkte „Bereitschaft zu glauben und zu dienen" erweitert. (Tidl, 1984: 84.) Je fordernder und ressourcenzehrender der Krieg wurde, desto mehr nötigte man die deutsche Frau dazu, blind an Nazi-Deutschland und seine Ideologie zu glauben und ihm unhinterfragt zu dienen. (Ebd.: 85.)

Unter den Begriff „dienen" verstand man im Wesentlichen nichts Geringeres als zu Arbeiten und Opfer zu bringen. Jedoch wandelte sich das Verständnis, welche Arbeit die Frau zu leisten hatte, im Verlauf der NS-Herrschaft: Es genügte nicht mehr länger, den gesunden Herrenmenschen aufzuziehen (Mutterschaftsdienste) und häusliche Tätigkeiten zu verrichten. Viel mehr wurden von den Frauen, wie bereits beschrieben, verlangt, fast komplementäre Tätigkeiten zu verrichten. Sie sollte dem

> „Soldaten jene Waffen (.) schmieden, die er für die Niederringung (...) der Feinde benötigte, wurde nun als Dienst am Volk gewertet, denn im ‚(...) Kriege genüge es nicht, wenn die deutsche Frau Charpie zupfe (...)" (Tidl, 1984: 85. zit. nach: VB, 22.03.41, „Mit Scharpiezupfen ist es heute nicht mehr getan!": 8)

Trotz der unleugbar wichtiger werdenden Funktion der Frau, die sie sich im zunehmenden Maß stellen musste, wurden ihr Eigenschaften wie „gelehrt", „intelligent", „gescheit", oder „vernünftig" nie zugesprochen. (Tidl, 1984: 86)

> So wenig also von der deutsch-arischen Frau Eigenschaften des Verstandes verlangt wurden, umso größer waren die Anforderungen an ihre Gefühlsbereitschaft und an ihre Gläubigkeit: die tiefinnerliche, die fraulichste aller Waffen, die Fahne des Glaubens, der standhafte, heilige, tiefinnere Glaube." (Tidl, 1984: 86)

Der Glaube der Frau wird in einem anonymen Artikel mit dem Titel „Glauben heißt Wissen", welcher im Volksblatt vom 05. Jänner 1945 veröffentlicht wurde, geradezu verherrlicht.

> Wo Verstand und messerscharfe Logik nicht mehr weiter können, da setzt ihr Glaube [der Frau] ein und baut harte, trutzige Burgen des Widerstandes(...) (Tidl, 1984: 87. zit. nach: VB, 05.01.45. Glauben heißt Wissen: 4)

Etwas zynisch schreibt Tidl (1984: 87) in diesem Zusammenhang von einer „Gleichberechtigung auf nationalsozialistisch, und das fünf Minuten vor zwölf." Weiter vergleicht er den Glauben der Frauen mit der „Wunderwaffe" V2: „Was man sich an den militärischen Fronten von der V2, der Wunderwaffe, versprach, sollte an der Heimatfront der Glaube der Frauen bewirken." (Tidl, 1984: 87)

Wo die Soldaten an der Front den Feind nicht mehr fernhalten konnten setzte man auf den Glauben der Frau an die Nation. Dies zeigt auch, welche unrealistischen Vorstellungen man von der Frau, die wohl insgeheim als „stille Reserve" betrachtet wurde, hatte.

Entgegen der ursprünglichen Linie der Partei gab es selbst beim militärischen Einsatz der Frau zahlreiche Auflockerungen.

5.4 Die Frau bei der Wehrmacht

Angesichts der deutschen Niederlage wurden selbst Frauen an die Front geschickt, was im völligen Widerspruch zu einer Aussage Hitlers in München 1935 stand:

> Ich würde mich schämen, ein deutscher Mann zu sein, wenn jemals, im Falle eines Krieges, auch nur eine Frau an eine Front gehen müsste! (...) Denn die Natur hat die Frau nicht dafür geschaffen. (Wiggerhaus, 1984: 22)

Bereits im März 1935 wurde mit dem Wehrgesetz die Grundlage für den Einsatz der Frau im Wehrdienst geschaffen: „Im Kriege ist über die Wehrpflicht hinaus jeder deutsche Mann und jede deutsche Frau zur Dienstleistung für das Vaterland verpflichtet." (Kuhn / Rothe, 1987: 104) Dieses Gesetz wurde von Frauen aus der bürgerlichen Frauenbewegungen begrüßt, weil diese darin einen Schritt zu vollständigen Gleichberechtigung sahen. (Kuhn / Rothe, 1987: 104)

Herman Göring war von der Idee, Frauen in der Wehrmacht einzusetzen, sehr angetan. Hitler brachte ihn jedoch von dieser Einstellung wieder ab. Göring rechtfertigte seinen Umschwung danach mit folgender Aussage: „Wenn das Rassenpferd am Pflug eingespannt werde, verbrauchte es sich schneller als das Arbeitspferd, infolgedessen könne man nie zu einer Frauendienstverpflichtung im allgemeinen kommen. Die hochwertigen Frauen hätten in erster Linie die Aufgabe, Kinder zu bekommen." (Kuhn / Rothe, 1987: 106 zit. nach: Bajohr: 266f.)

Mit zunehmender Kriegsdauer sah Hitler jedoch in den deutschen Frauen ein noch nicht ausgenutztes Potential, welches es zu mobilisieren galt. (Wiggerhaus,

1984: 22) 1945 befahl er für „seine" Frauen, die Hitler stolz auch als seine „fanatischsten Anhänger" bezeichnete, (Wiggerhaus, 1984: 22 zit. nach: Domarus, 1973: 2085) die Gründung eines besonderen Ehrendienstes mit dem Titel „Wehrmachtshelferinnenkorps", wo „die Frauen (...) so rasch wie möglich tadellos ausgebildet werden(...). Bewährt sich dieses Frauenbataillon, sollen sofort weitere aufgestellt werden." (Kuhn / Rothe, 1987: 41 zit. nach: Vermerk Bormans vom 28.02.1945)

Auch Goebbels äußert sich mit einer zynischen, anscheinend humorvoll gemeinten Bemerkung zu den neuen Frauenbataillonen in seinen Tagebüchern:

> (...) Auch ist Hitler damit einverstanden, daß wir in Berlin nunmehr Frauenbataillone aufstellen. Es gibt unzählige Frauen, die sich jetzt zum Fronteinsatz melden, und der Führer ist auch der Meinung, daß diese, soweit sie freiwillig kommen, zweifellos fanta[s]tisch kämpfen werden. Man müsse sie in der zweiten Linie einsetzen; dann würde den Männern schon die Lust vergehen, in der ersten Linie zu retirieren. (Kuhn / Rothe, 1987: 41 zit. nach: Goebbels, 1945 Tagebücher)

Gegen Ende des Krieges im März 1945 scheint die Abneigung, Frauen in den Kampf zu schicken, endgültig verschwunden zu sein, was folgende Aussage Hitlers nahe legt: „Ob Mädchen oder Frauen, ist ganz wurscht, eingesetzt muß alles werden." (Hitler, März 1945)

Zusammenfassend ist festzuhalten, dass die Rolle, welche die Frau in der NS-Zeit einnahm, eine sehr widersprüchliche war. Einerseits propagierte man die Tätigkeit der Mutter und versuchte, Frauen in diese Rolle zu drängen, während sie gleichzeitig nach und nach aus der Arbeitswelt verschwand. (Rabeder, 2011: 29) Die Tätigkeiten als Mutter wurden mit der Pflicht erweitert, den Haushalt unter extrem anspruchsvollen Konditionen, wirtschaftlich zu führen. Als nun durch den Krieg männliche Arbeitskräfte zur Mangelware wurden, wurden die Stereotype plötzlich gelockert, um so die Lücken in der Wirtschaft zu stopfen. Zu guter Letzt verlangte das Regime gegen Ende des dritten Reiches auch noch Kriegsdienste von Frauen, um die aussichtslose Lage vielleicht doch noch zu revidieren.

6 Schlussbemerkung

Die Recherche zu dieser Arbeit hat mir offenbart, in welchem Facettenreichtum Antifeminismus auftreten kann. Der Nationalsozialismus wird noch lange Zeit eine prägende Wirkung darauf haben, wie wir verschiedene Formen des Antisemitismus wahrnehmen. Das NS Regime schrieb den Menschen eine dualistische Geschlechterordnung zu. Die Wurzel dieser Geschlechterordnung liegt im Biologischen Essentialismus welcher seinen Ursprung im 19. Jahrhundert hatte. Durch diesen Essentialismus, so glaubte man während des Regimes, konnte man die Unterschiede zwischen Mann und Frau, basierend auf wissenschaftlichen Fakten, erklären. Die Reduktion der Frau auf ihre Gebärmutter und auf Tätigkeiten, die laut der NS-Ideologie am ehesten ihrem Wesen entsprechen, wurde durch eine Vielzahl an propagandistischen Mitteln in die Gesellschaft etabliert. Die Mutterschaft als höchster Dienst für die Volksgemeinschaft stand lange Zeit im Zentrum der NS-Politik und wurde sogar, bei besonders hoher Kinderanzahl, mit dem Ehrenkreuz der deutschen Mutter geehrt.

Neben dem Rollenbild der Frau unterlag auch die Gesetzgebung im dritten Reich den Idealen des Regimes. Es wurden zahlreiche Gesetze erlassen, welche die Reinheit der Rasse gewährleisten sollten. Die Erhaltung der Rassenreinheit galt als das wichtigste Ziel in der NS-Gesetzgebung.

Durch den Krieg verschlechterte sich die Lage innerhalb Deutschlands und es reichte nun nicht mehr aus, dass die Frau zuhause verweilt und sich um den Haushalt kümmert. Das Rollenideal der Frau wurde gelockert und ein neues Bild der Frau, nämlich das Bild von einer Frau, die, wen der Feind vor den Toren steht, ihre gewohnte Umgebung verlassen muss, etablierte sich. So musste die Frau zunächst die Arbeit vollrichten, welche nun nicht mehr von den Männern erledigt werden konnte. Gegen Ende des Krieges nahm die Frau sogar aktiv am Kriegsgeschehen teil.

Diese Entwicklungen zeigen unter anderem auf, wie sehr das Frauenideal einer Gesellschaft deren wirtschaftlichen Anforderungen unterworfen ist und als wie biegsam scheinbar natur- und gottgegebene Rollenbilder sich erweisen können, wenn dadurch politischen Zielen Folge geleistet werden kann.

Literaturverzeichnis

Ahlheim, Hannah (**2008**): >>Deutsche, kauft nicht bei Juden!<< Antisemitismus und politischer Boykott in Deutschland 1924 bis 1935. Bochum: Ruhr-Universität.

Becker, Manuel / **Bongartz**, Stephanie (Hrsg.) (**2011**): Die Weltanschaulichen Grundlagen des NS-Regimes. Ursprünge, Gegenentwürfe, Nachwirkungen. In: **Scholtyseck**, Joachim / **Delp** Fritz / **Jagow**, Friedrich. Schriftenreihe der FOrschngsgemeinschaft 20.Juli 1994 e.V. Band 15. Berlin: Lit. Verlag

Bendel, Carolin (**2007**): Die deutsche Frau und ihre Rolle im Nationalsozialismus. URL: http://bit.ly/2wgs8aS Zugriff: 16.08.2017

Buggeln, Mark / Wildt, Michael (Hrsg.) (**2014**): Arbeit im Nationalsozialismus. München: Oldenbourg Wissenschaftsverlag

Dietz, Carolin (**1994**): Körperkultur. Die soziale Inszenierung des Körpers in der modernen Gesellschaft. Diplomarbeit. Diplomica Verlag GmbH.

Domarus, Max (**1973**): Hitler, Reden und Proklamationen. A.a.O., Bd. II. Wiesbaden: Löwit

Ehrle, Gertrud (**1951**): Licht über dem Abgrund. Aufzeichnungen und Erlebnisse christlicher Frauen 1933 bis 1945. Freiburg.

Gantze, Cornelia (**2010**): Diplomarbeit. Frauen und die Wehrmacht. Wien

Gersdorff, Ursula (**1969**): Frauen im Kriegsdienst 1914-1945. Stuttgart: Deutsche Verlags-Anstalt

Hetzel, Marius (**1997**): Die Anfechtung der Rassenmischehe in den Jahren 1933 – 1939. Die Entwicklung der Rechtssprechung im Dritten Reich: Anpassung und Selbstbehauptung der Gerichte. Tübingen: Mohr

Hitler, Adolf(**1924**): Mein Kampf. München

Kipp, Michaela (2000): Die NS-Frauenpolitik. URL: https://www.dhm.de/lemo/kapitel/ns-regime/innenpolitik/frauenpolitik.html Zugriff: 06.08.2017

Klinksiek, Dorothee (**1982**): Die Frau im NS-Staat. Stuttgart: Deutsche Verlangs-Anstalt

Kleinhans, Bernd (**2004**): Alfred Rosenberger (1893-1946). URL: http://www.zukunft-braucht-erinnerung.de/alfred-rosenberg/ Zugriff: 21.08.2017

Kompisch, Kathrin (**2008**): Täterinnen. Frauen im Nationalsozialismus. Wien: Böhlau Verlag GmbH

Kopecká, Lenka (**2015**): Das Bild der Frau in der NS-Zeitschrift „NS-Frauen-Warte". URL: https://theses.cz/id/xkfj76/BP_Kopecka_Lenka.pdf Zugriff: 16.08.2017

Kuhn, Annette / **Rothe**, Valentine (**1987**): Frauen im deutschen Faschismus. Band 2. Düsseldorf: Schwann.

Lehker, Marianne (**1984**): Frauen im Nationalsozialismus. Frankfurt: Materialis- Verlag

Piehslinger, Valerie- Kristin (**2013**): Diplomarbeit. Das Frauenbild in Propagandaplakaten der NSV anhand von ausgewählten Beispielen. Wien. URL: http://othes.univie.ac.at/25545/1/2013-01-31_0204263.pdf Zugriff: 02.08.2017

Rabeder, Daniela (**2011**): Die Rolle der Frauen und Kindern im „NS-Staat" – Von der völkischen Erziehung, dem faschistischen Frauen- und Mutterbild und der Umsetzung der „NS- Ideologie" im Bildungs- und Erziehungswesen. Linz: JKU

Reinhardt, Fritz / **Wittrich**, Ralf (Hrsg.) (**2007**): Die Beseitigung der Arbeitslosigkeit im Dritten Reich: Das Sofortprogramm 1933/34. Regin Verlag

Rosenberg, Alfred (**1934**): Der Mythos des 20. Jahrhunderts. Eine Wertung der seelisch-geistigen Gestaltenkämpfe unserer Zeit. München: Hoheneichen – Verlag. URL: http://bit.ly/2xaP47K Zugriff: 16.08.2017

Rosner, Jakob (**1966**): Der Faschismus – Seine Wurzeln – Sein Wesen – Seine Ziele. Wien: Selbstverlag

Schmitz-Berning, Cornelia (**2007**): Vokabular des Nationalsozialismus. Berlin

Strecker, Gabriele (**1975**): Der Weg der Frau in die Politik. Bonn

Tidl, Georg (**1984**): Die Frau im Nationalsozialismus. Wien: Europaverlag

Werner, Marion (**2008**): Vom Adolf-Hitler-Platz zum Ebertplatz. Eine Kulturgeschichte der Kölner Straßennamen seit 1933. Köln/Weimar/Wien: Böhlau Verlag.

Weyrather, Irmgard (**1993**): Muttertag und Mutterkreuz. Der Kult um die >>deutsche Mutter<< im Nationalsozialismus. Frankfurt am Main: Fischer Taschenbuch Verlag

Wiggerhaus, Renate (**1984**): Frauen unterm Nationalsozialismus. Peter Hammer Verlag: Wuppertal

Sekundär zitierte Literatur:

(o.V) (**1941**): Frauen helfen siegen. Bilddokument vom Kriegseinsatz unserer Frauen und Mütter., Geleitwort von Gertrud Scholtz-Klink. Berlin: Zeitgeschichte Verlag. o.S.

Bajohr, Stephan (**1979**): Die Hälfte der Fabriken, Geschichte der Frauenarbeit in Deutschland, 1914-1945. Marburg

Becker, Horst (**1939**): Die Familie. Leipzig: Schäfer Verlag

Beyer, Karl (**1936**) Familie und Frau im neuen Deutschland.

Burgdörfer, Friedrich (**1940**): Kinder des Vertrauens (Schriftenreihe der NSDAP). Berlin

Darré, Walter (**1930**): Neuadel aus Blut und Boden. München

Dr. Vorwerck, Else. (o.J): Wirtschaftliche Alltagspflichten der deutschen Frau beim Einkauf und Verbrauch. In: NS Frauenbuch.(**1934**) München. S. 90-91

Flocke, Harald / **Reimer**, Uwe (**1979**): Alltag unterm Hakenkreuz. Hamburg

Frevert, Ute (**1986**): Frauen-Geschichte. Zwischen Bürgerlicher Verbesserung und neuer Weiblichkeit. Frankfurt am Main

Friedrich, **Theodor** (**1934**): Formenwandel von Frauenwesen und Frauenbildung. Leipzig: Armanen- Verlag

Gathmann, Peter / **Martina**, Paul (**2009**): Narziss Goebbels. Eine psychohistorische Biographie. Wien: Böhlau Verlag

Goebbels, Joseph (**1934**): Vom Kaiserhof zur Reichskanzlei. München

Gruber, Max (**1939**): Hygiene des Geschlechtslebens. Berlin

Gütt, Arthur / **Linden**, Herbert / **Maßfeller** Franz (**1936**): Blutschutz- und Ehegesundheitsgesetz. München.

Hillel, Marc / **Henry**, Clarissa. **(1975)**: Lebensborn E. V. – im Namen der Rasse. Wien/ Hamburg: Paul Zsolnay Verlag.

Kersten, Felix **(1953)**: Totenkopf und Treue. Hamburg

Mößner, Ferdinand (o.J.): Neugestaltung des deutschen Entscheidungsrechtes. Berlin.

Schenk, Herrad **(1981)**: Die feministische Herausforderung. 150 Jahre Frauenbewegung in Deutschland. München

Schmatzler, Ute Cornelia **(1994)**: Verstrickung, Mitverantwortung und Täterschaft im Nationalsozialismus. Kiel.

Scholtz-Klink, Gertrud **(1936)**: Verpflichtung und Aufgabe der Frau im nationalsozialistischen Staat. Berli. In: Schriften der Deutschen Hochschule für Politik. Heft 23: 13f.

Scholtz-Klink, Gertrud **(1937)**: Einsatz der Frau in der Nation: Berlin. S. 6-8

Thalmann, Rita **(1984)**: Frausein im Dritten Reich. München : Carl Hanser Verlag

Vorwerck, Else. (o.j): Gedanken über die Ehe im nationalsozialistischen Staat. In: **O. Lukas.** (1942) Das deutsche Frauenbuch. Berlin. S. 183-186

Wagowitsch, Margit / **Flossman**, Ursula (Hrsg.) **(2004)**: Das Frauenbild im Nationalsozialismus. Linz: Trauner Verlag (Linzer Schriften zur Frauenforschung 27)

Zühlke, Anna **(1934)**: Frauenaufgabe, Frauenarbeit im Dritten Reich. Leipzig.

Internetquellen:

https://de.wikipedia.org/wiki/Guida_Diehl

http://www.ub.uni-heidelberg.de/helios/digi/nsfrauenwarte.html